школа - maktab	2
падарожжа - sayohat	5
транспарт - transport	8
горад - shahar	10
краявід - manzara	14
рэстаран - restoran	17
супермаркет - supermarket	20
напоі - ichimliklar	22
ежа - taom	23
сядзіба - chorvachilik xoʻjaligi	27
дом - uy	31
жылы пакой - mehmonxona	33
кухня - oshxona	35
ванная - vannaxona	38
дзіцячы пакой - bolalar xonasi	42
адзенне - kiyim	44
офіс - idora	49
эканоміка - iqtisod	51
прафесіі - kasblar	53
інструменты - asboblar	56
музычныя інструменты - musiqa asboblari	57
заапарк - hayvonot bogʻi	59
спорт - sport oʻyinlari	62
дзейнасць - mashgʻulot	63
сям'я - oila	67
цела - tana	68
шпіталь - shifoxona	72
экстраная дапамога - tez yordam	76
Зямля - yer	77
гадзіннік - soat	79
тыдзень - xafta	80
год - yil	81
формы - shakllar	83
колеры - ranglar	84
супрацьлегласці - qarama-qarshi maʼnoli soʻzlar	85
лічбы - raqamlar	88
мовы - tillar	90
хто / што / як - kim / nima / qanday	91
дзе - qayerda	92

Impressum
Verlag: BABADADA GmbH, Nedderfeld 112 , 22529 Hamburg
Geschäftsführer / Verlagsleitung: Harald Hof
Druck: Books on Demand GmbH, In de Tarpen 42, 22848 Norderstedt

Imprint
Publisher: BABADADA GmbH, Nedderfeld 112 , 22529 Hamburg, Germany
Managing Director / Publishing direction: Harald Hof
Print: Books on Demand GmbH, In de Tarpen 42, 22848 Norderstedt, Germany

школа
maktab

класны пакой / sinf

дзяліць / bo'lmoq

дошка / doska

школьны двор / maktab hovlisi

настаўнік / o'qituvchi

папера / qog'oz

пісаць / yozmoq

ручка / ruchka

пісьмовы стол / ish stoli

лінейка / lineyka

кніга / kitob

вучань / o'quvchi

ранец
osma sumka

пенал
qalamdon

просты аловак
qalam

тачылка для алоўкаў
qalam uchlagich

гумка
o'chirgich

альбом для малявання
rasm albomi

малюнак
chizmachilik

пэндзлік
bo'yoq cho'tka

фарбы
bo'yoqdon

нажніцы
qaychi

клей
yelim

сшытак
mashg'ulot daftari

хатняе заданне
uy ishi

лік
raqam

дадаваць
qo'shmoq

адымаць
ayirmoq

множыць
ko'paytirmoq

лічыць
sanamoq

літара
xat

алфавіт
alifbo

словы
so'z boyligi

школа - maktab

тэкст	чытаць	крэйда
matn	o'qimoq	bo'r

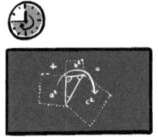  

ўрок	класны журнал	экзамен
dars	jurnal	imtihon

атэстат	школьная форма	адукацыя
guvohnoma	maktab formasi	ta'lim

энцыклапедыя	універсітэт	мікраскоп
qomus	oliygoh	mikroskop

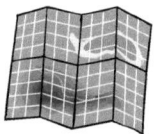 

карта	смеццевы кошык
xarita	urna

школа - maktab

падарожжа
sayohat

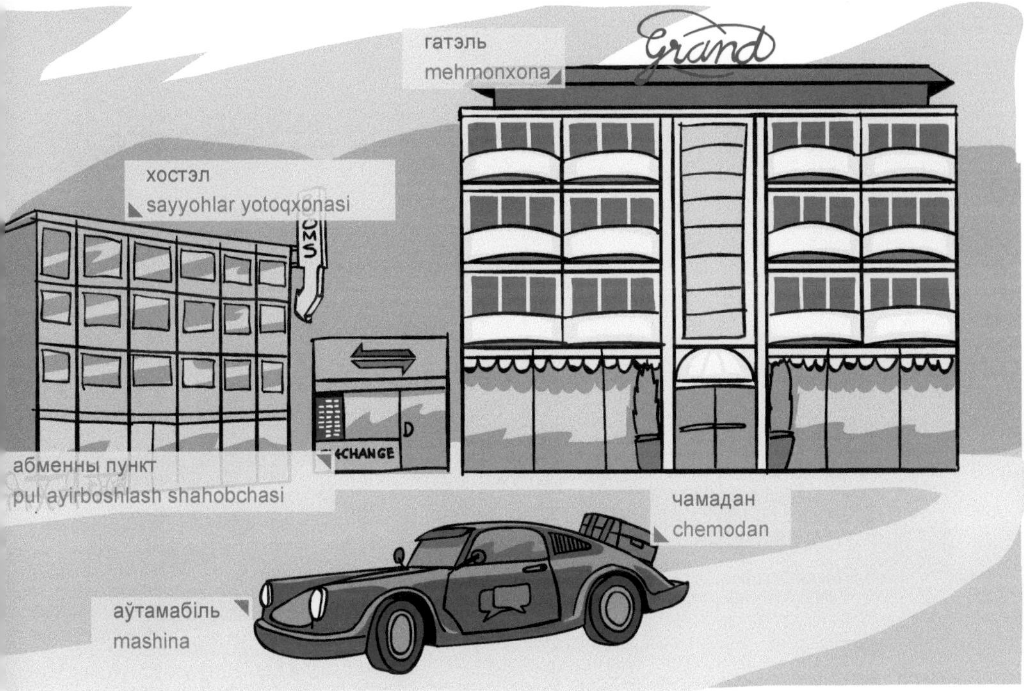

гатэль
mehmonxona

хостэл
sayyohlar yotoqxonasi

абменны пункт
pul ayirboshlash shahobchasi

чамадан
chemodan

аўтамабіль
mashina

мова
til

так / не
ha / yo'q

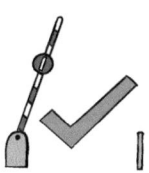

добра
Xo'p

прывітанне!
salom

перекладчык
tarjimon

дзякуй
Raxmat

Колькі каштуе....?
necha pul...?

я не разумею
Tushunmadim

праблема
muammo

Добры вечар!
Xayrli kech!

Добрай раніцы!
Xayrli tong!

Дабранач!
Xayrli tun!

да пабачэння
ko'rishguncha

кірунак
yo'nalish

багаж
yo'lovchi yuki

сумка
safarxalta

заплечнік
yuk xalta

госць
mehmon

пакой
xona

спальны мяшок
uyquqop

палатка
palatka

падарожжа - sayohat

нфармацыя для турыстаў
sayohlarga ma'lumot berish stoli

пляж
plyaj

крэдытная картка
omonat karta

снеданне
nonushta

абед
nonushta

вячэра
kechki ovqat

праязны білет
chipta

ліфт
lift

паштовая марка
marka

мяжа
chegara

мытня
bojxona

пасольства
elchixona

віза
viza

пашпарт
pasport

транспарт
transport

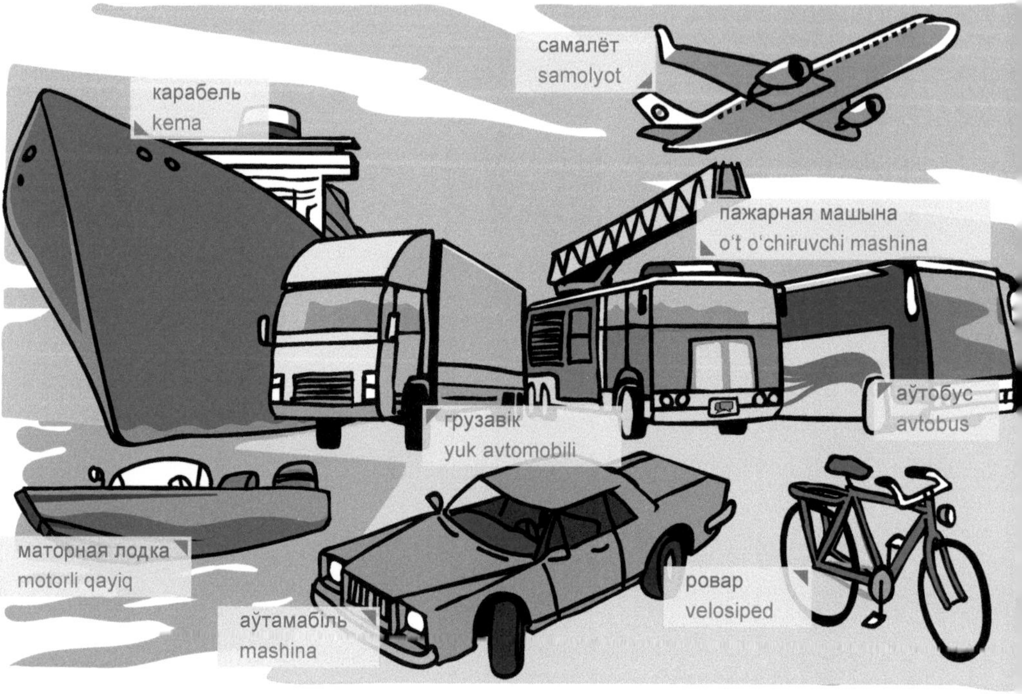

самалёт
samolyot

карабель
kema

пажарная машына
o't o'chiruvchi mashina

аўтобус
avtobus

грузавік
yuk avtomobili

маторная лодка
motorli qayiq

ровар
velosiped

аўтамабіль
mashina

паром
solsimon yassi kema

лодка
qayiq

матацыкл
mototsikl

паліцэйская машына
posbon mashinasi

гоначны аўтамабіль
poyga mashinasi

арэндаваны аўтамабіль
kiraga olingan avtoulov

транспарт - transport

сумеснае карыстанне аўтамабілем
avtoijara

эвакуатар
shatakka oluvchi yuk avtomobili

смеццявоз
axlat mashinasi

матор
motor

паліва
yoqilg'i

запраўка
yoqilg'i quyish shahobchasi

дарожны знак
yo'l belgisi

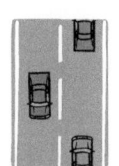

дарожны рух
yo'l harakati

затор
tirband

паркоўка
avtomobil to'xtab turish joyi

чыгуначная станцыя
poyezd bekati

рэйкі
rels

цягнік
poyezd

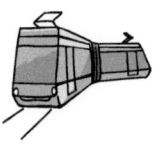

трамвай
tramvay

вагон
vagon

транспарт - transport

верталёт
vertolyot

аэрапорт
aeroport

вежа
minora

пасажыр
yo'lovchi

кантэйнер
konteyner

кардонная скрыня
qog'oz quti

тачка
aravacha

карзіна
savat

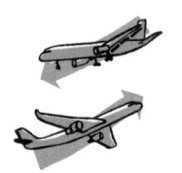

ўзлятаць / прызямляцца
uchmoq / qo'nmoq

горад
shahar

вёска
qishloq

цэнтр горада
shahar markazi

дом
uy

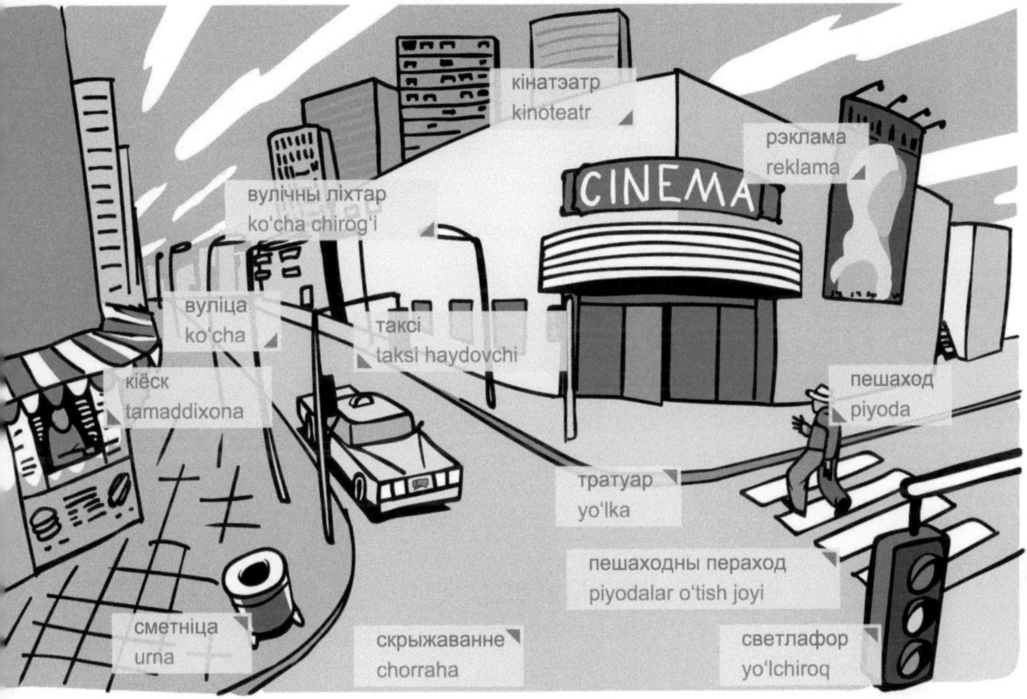

кінатэатр / kinoteatr

рэклама / reklama

вулічны ліхтар / ko'cha chirog'i

вуліца / ko'cha

таксі / taksi haydovchi

кіёск / tamaddixona

пешаход / piyoda

тратуар / yo'lka

пешаходны пераход / piyodalar o'tish joyi

сметніца / urna

скрыжаванне / chorraha

светлафор / yo'lchiroq

халупа
kulba

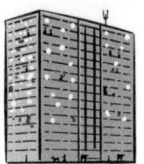

кватэра
kvartira

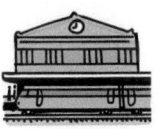

чыгуначная станцыя
poyezd bekati

ратуша
mahalliy hokimiyat binosi

музей
muzey

школа
maktab

універсітэт
oliygoh

банк
bank

шпіталь
shifoxona

гатэль
mehmonxona

аптэка
dorixona

офіс
idora

кнігарня
kitob doʻkoni

крама
doʻkon

кветкавая крама
gul doʻkoni

супермаркет
supermarket

кірмаш
bozor

універмаг
univermag

рыбная крама
baliq doʻkoni

гандлевы цэнтр
savdo markazi

порт
bandargoh

парк
istirohat bog'i

лава
bank

мост
ko'prik

лесвіца
zinapoya

метро
metro

тунэль
yer osti yo'li

прыпынак
avtobus bekati

бар
bar

рэстаран
restoran

паштовая скрыня
pochta qutisi

вулічны паказальнік
ko'cha yozuv osma taxtasi

паркамат
to'xtab turish vaqtini hisoblagach

заапарк
hayvonot bog'i

басейн
basseyn

мячэць
masjid

горад - shahar

сядзіба
chorvachilik xo'jaligi

забруджванне
навакольнага асяроддзя
atrof-muhit ifloslanishi

могілкі
qabriston

царква
ibodatxona

пляцоўка для гульні
bolalar o'yingohi

храм
ehrom

краявід
manzara

ліст — yaproq
паказальнік — yo'lko'rsatgich
дарога — yo'l
луг — o'tloq
падарожнік — sayyoh
камень — tosh
дрэва — daraxt
рака — daryo
трава — maysa
кветка — gul

даліна
vodiy

гара
qir

возера
ko'l

лес
o'rmon

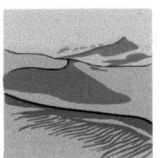

пустыня
cho'l

вулкан
vulkan

замак
qal'a

вясёлка
kamalak

грыб
qo'ziqorin

пальма
palma daraxti

камар
pashsha

муха
chivin

мурашка
chumoli

пчала
asalari

павук
o'rgimchak

краявід - manzara

жук
qo'ng'iz

жаба
qurbaqa

вавёрка
olmaxon

вожык
tipratikon

заяц
quyon

сава
ukki

птушка
qush

лебедзь
oqqush

дзік
erkak cho'chqa

алень
bug'u

лось
butoq shohli kiyik

плаціна
to'g'on

вятрак
shamol generatori

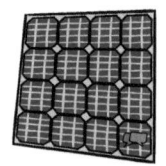

сонечная батарэя
quyosh batareyasi

клімат
iqlim

краявід - manzara

рэстаран
restoran

афіцыянт
ofitsiant

меню
taomnoma

крэсла
stul

суп
sho'rva

піца
pitstsa

сталовыя прыборы
oshxona anjomlari

абрус
dasturxon

закуска
gazak

другая страва
asosiy taom

дэсерт
desert

напоі
ichimliklar

ежа
taom

бутэлька
butilka

хуткае харчаванне (фаст-фуд)

tez pishar taom

стрыт-фуд

ko'cha taomi

імбрык (чайнік)

choynak

цукарніца

shakardon

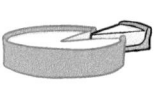

порцыя

portsiya

эспрэса-машына

espresso kofe mashinasi

дзіцячае крэселка

bolalar kursichasi

рахунак

hisob

паднос

lagan

нож

pichoq

відэлец

sanchqi

лыжка

qoshiq

чайная лыжка

choy qoshiq

сурвэтка

qo'l sochiq

шклянка

stakan

рэстаран - restoran

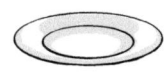 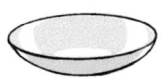 

талерка · likop

супавая талерка · shoʻrva kosa

сподак · taqsimcha

 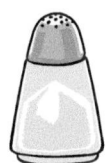 

соус · qayla

сальніца · tuzdon

млынок для перцу · qalampir yanchgich

  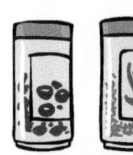

воцат · sirka

алей · yogʻ

спецыі · ziravorlar

кетчуп · ketchup

гарчыца · xantal

маянэз · mayonez

супермаркет
supermarket

акцыя
chegirma

пакупнік
mijoz

малочныя прадукты
sut mahsulotlari

садавіна
meva

вазок
xarid aravasi

мясная крама
qassobxona

хлебны магазін
nonvoyxona

важыць
tarozida o'lchamoq

гародніна
sabzavot

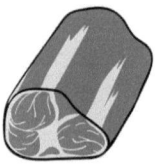

мяса
go'sht

свежазамарожаныя прадукты
muzlatilgan taomlar

20   супермаркет - supermarket

нарэзка
yaxna go'sht

кансервы
konserva

пральны парашок
kir yuvish vositasi

прысмакі
shirinliklar

хатнія прылады
kundalik iste'mol taomlari

чысцячы сродак
yuvish vositalari

прадавец
sotuvchi

каса
kassa

касір
kassachi

спіс пакупак
xarid ro'yxati

гадзіны працы
ish vaqti

бумажнік
hamyon

крэдытная картка
omonat karta

сумка
xalta

пакет
tsellofan xalta

супермаркет - supermarket

напоі
ichimliklar

вада
suv

сок
sharbat

малако
sut

кола
koka-kola

віно
vino

піва
pivo

алкаголь
spirtli ichimlik

какава
kakao

гарбата (чай)
choy

кава
kofe

эспрэса
espresso

капучына
kapuchino

ежа
taom

банан
banan

яблык
olmaxon

апельсін
apelsin

дыня
qovun

лімон
limon

морква
sabzi

часнок
sarimsoq

бамбук
bambuk

цыбуля
piyoz

грыб
qo'ziqorin

арэхі
yong'oq

локшына
lag'mon

спагеці
spagetti

рыс
guruch

салата
salat

бульба фры
kartoshka-fri

смажаная бульба
qovurilgan kartoshka

піца
pitstsa

гамбургер
gamburger

бутэрброд
sendvich

шніцаль
lo'qmoqlangan to'sh qiymasi

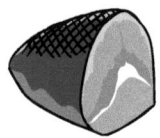

вяндліна
dudlangan cho'chqa go'shti

салямі
salyami kolbasasi

каўбаса
sosiska

курыца
tovuq go'shti

смажаніна
qovurilgan

рыбак
baliq

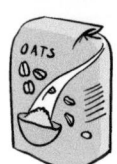

аўсяныя камякі
suli boʻtqasi

мюслі
myusli

кукурузныя шматкі
makkajoʻxori yormasi

мука
un

круасан
frantsuz bulochkasi

булачка
bulochka

хлеб
non

тост
qizartirilgan non burdasi

пячэнне
pishiriq

масла
sariyogʻ

тварог
tvorog

пірог
pirog

яйка
tuxum

яечня
qovurilgan tuxum

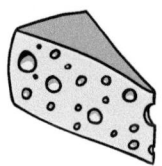

сыр
pishloq

ежа - taom

25

марожанае	цукар	мёд
muzqaymoq	shakar	asal

варэнне	нуга	кары
murabbo	shokolad pastasi	zarchava

сядзіба
chorvachilik xo'jaligi

хата / dehqon uyi
хлеў / pichanxona
цюк саломы / poxol tuguni
поле / dala
конь / ot
прычэп / tirkama
жарабя / qulun
трактар / traktor
асёл / eshak
ягня / qo'zi
авечка / qo'y

каза
echki

карова
sigir

цяля
buzoq

свіння
cho'chqa

парася
cho'chqa bolasi

бык
buqa

гусак	качка	кураня
g'oz	o'rdak	jo'ja

курыца	певень	пацук
tovuq	xo'roz	kalamush

кот	мыш	вол
mushuk	sichqon	ho'kiz

сабака	сабачая будка	садовы шланг
it	katalak	hovli bog' shlangi

палівачка	каса	плуг
gulchelak	belo'roq	temir omoch

сядзіба - chorvachilik xo'jaligi

серп
qo'lo'roq

матыка
chopqi

вілы для гною
panshaxa

сякера
bolta

тачка
g'altakarava

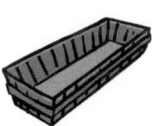

карыта
oxur

бітон для малака
sut bidoni

мех
to'rva

плот
panjara

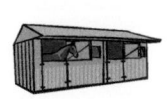

хлеў
og'ilxona

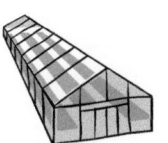

цяпліца
issiqxona

глеба
tuproq

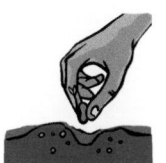

насенне
urug'

угнаенне
o'g'it

камбайн
kombayn

сядзіба - chorvachilik xo'jaligi

збіраць ураджай
hosil olmoq

ураджай
yig'im-terim

ямс
yams

пшаніца
bug'doy

соя
soya

бульба
kartoshka

кукуруза
makkajo'xori

рапс
raps urug'i

садовае дрэва
mevali daraxt

маніёк
maniok

збожжа
yorma

сядзіба - chorvachilik xo'jaligi

дом
uy

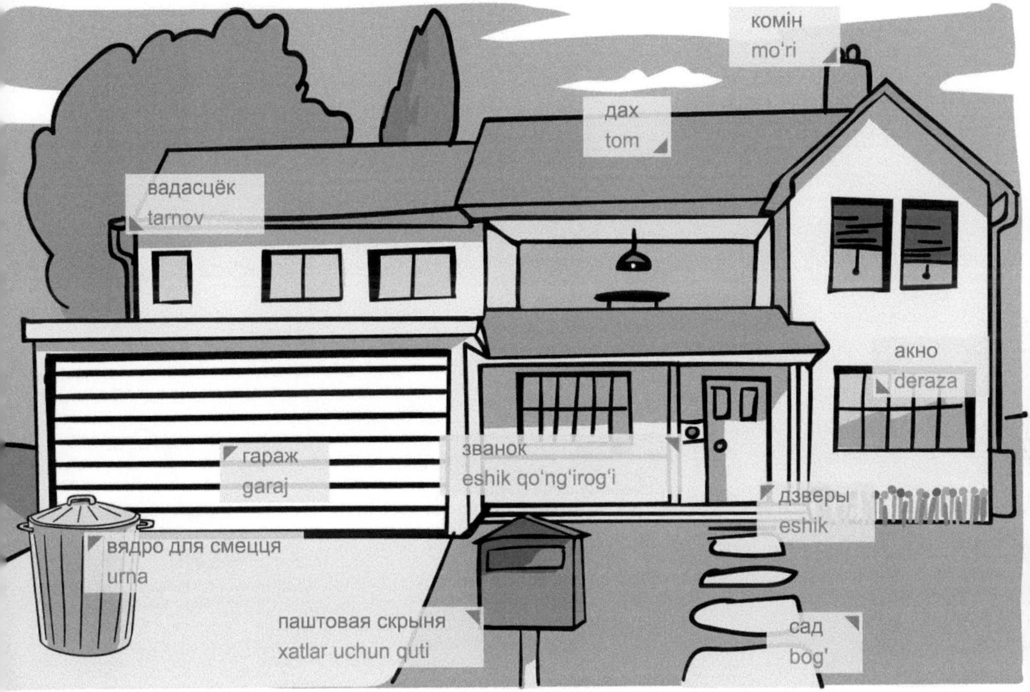

- комін / mo'ri
- дах / tom
- вадасцёк / tarnov
- гараж / garaj
- званок / eshik qo'ng'irog'i
- акно / deraza
- дзверы / eshik
- вядро для смецця / urna
- паштовая скрыня / xatlar uchun quti
- сад / bog'

жылы пакой
mehmonxona

ванная
vannaxona

кухня
oshxona

спальны пакой
yotoqxona

дзіцячы пакой
bolalar xonasi

сталоўка
oshxona

дом - uy

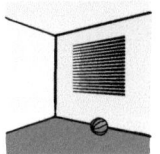

падлога
pol

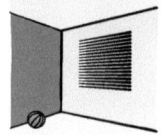

сцяна
devor

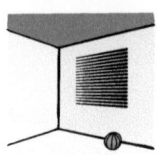

столь
ship

падвал
podval

саўна
sauna

балкон
balkon

тэраса
ayvon

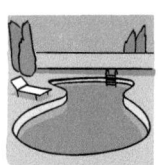

басейн
basseyn

касілка
o't o'rgich mashina

падкоўдранік
ko'rpajild

коўдра
choyshab

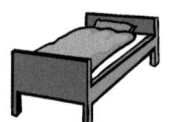

ложак
krovat

венік
supurgi

вядро
paqir

выключальнік
murvat

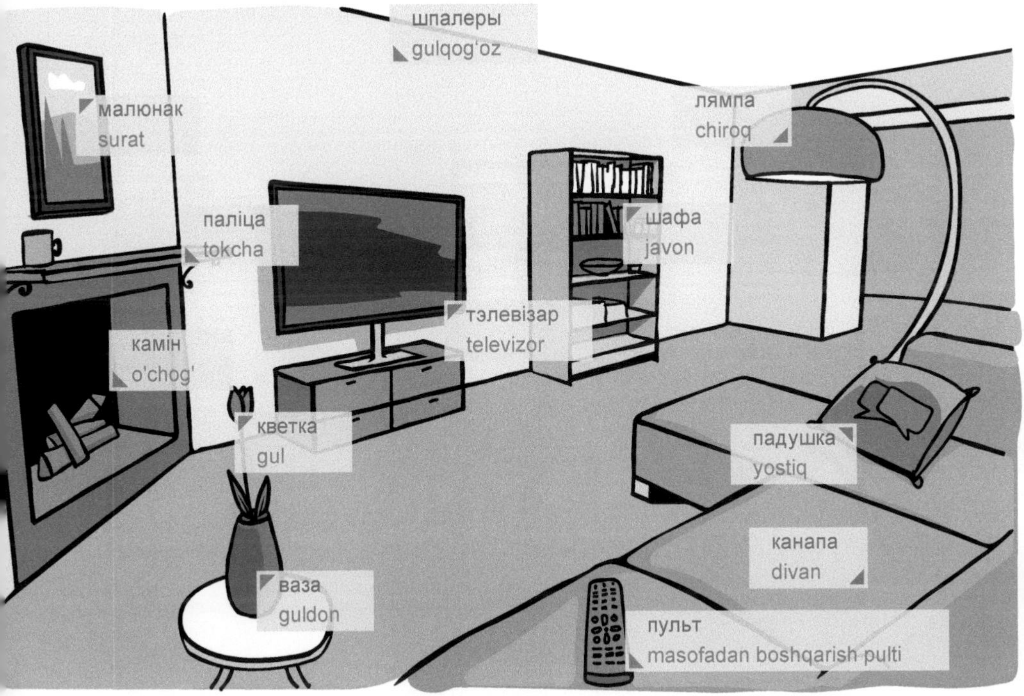

жылы пакой
mehmonxona

- шпалеры / gulqog'oz
- малюнак / surat
- лямпа / chiroq
- паліца / tokcha
- шафа / javon
- камін / o'chog'
- тэлевізар / televizor
- кветка / gul
- падушка / yostiq
- ваза / guldon
- канапа / divan
- пульт / masofadan boshqarish pulti

дыван
gilam

фіранка
parda

стол
stol

крэсла
stul

крэсла-качалка
tebranma kursi

крэсла
kreslo

жылы пакой - mehmonxona

кніга
kitob

коўдра
ko'rpa

дэкарацыя
hasham

дровы
o'tin

кіно
kino

стэрэасістэма
stereo qurilma

ключ
kalit

газета
gazeta

карціна
rasm

постар
plakat

радыё
radio

нататнік
yon daftar

пыласос
chang yutgich

кактус
kaktus

свечка
sham

кухня
oshxona

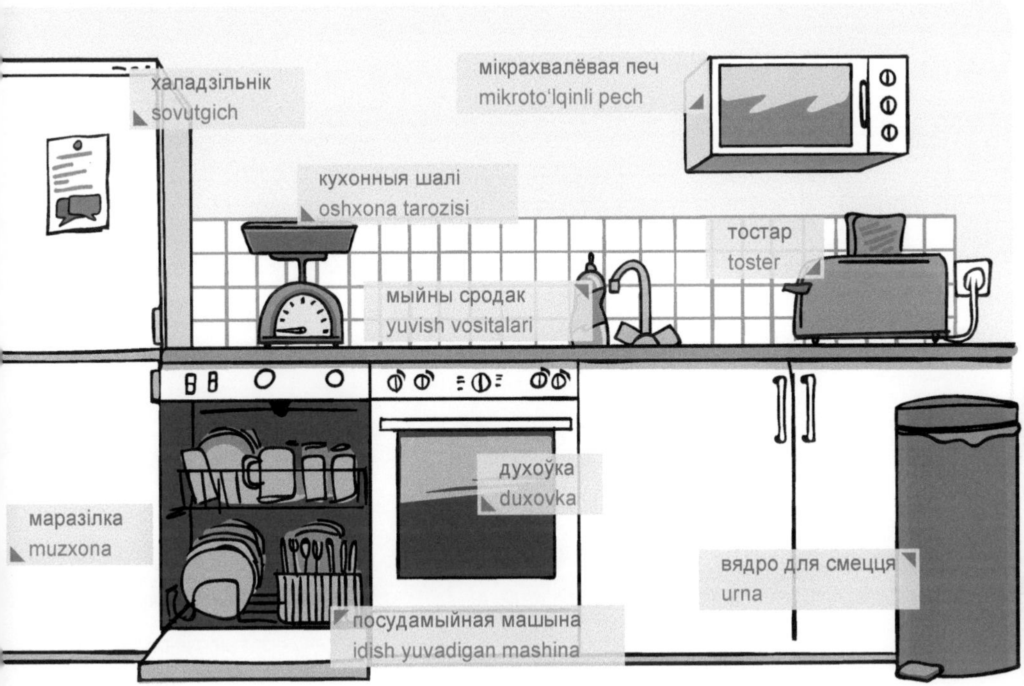

халадзільнік
sovutgich

мікрахвалёвая печ
mikroto'lqinli pech

кухонныя шалі
oshxona tarozisi

тостар
toster

мыйны сродак
yuvish vositalari

духоўка
duxovka

вядро для смецця
urna

маразілка
muzxona

посудамыйная машына
idish yuvadigan mashina

пліта
plita

рондаль
kastryul

чыгунок
cho'yan qozon

Вок / кадаі
bo'rtma tubli tova

патэльня
tova

чайнік
chovgun

параварка

mantiqasqon

бляха

tunuka tova

посуд

chinni idish

кубак

krushka

міска

kosa

палачкі для ежы

taom yeyish tayoqchalari

чарпак

cho'mich

лапатачка

kurakcha

збівалка

ko'pirtirgich

сіта для варэння

chovli

сіта

elak

тарка

qirg'ich

ступка

hovoncha

грыль

gril

вогнішча

olov

дошка
oshtaxta

качалка
juva

штопар
parmasimon tiqin ochgich

бляшанка
konserva

адкрывалка
konserva ochgich

прыхваткі
tutgich

ракавіна
unitaz

шчотка
idish choʻtka

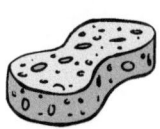
губка
qozonsochiq

міксер
qorishtirgich

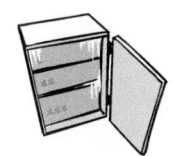
маразільная камера
muzlatgich

бутэлечка
soʻrgʻichli chaqaloq butilkasi

вадаправодны кран
kran

кухня - oshxona

ванная
vannaxona

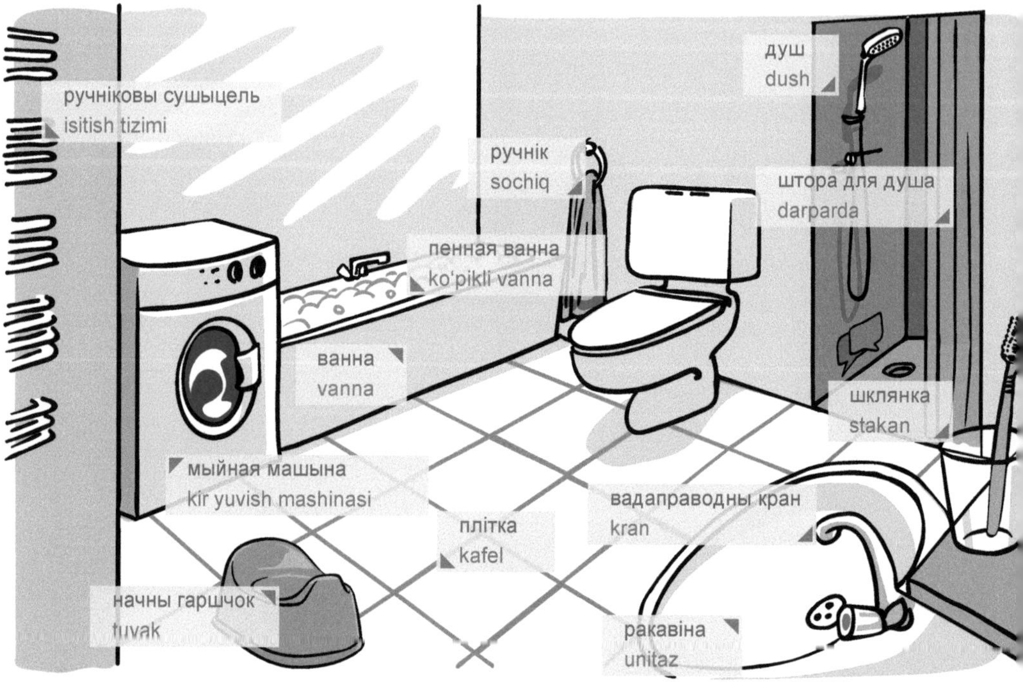

- ручніковы сушыцель / isitish tizimi
- ручнік / sochiq
- душ / dush
- штора для душа / darparda
- пенная ванна / ko'pikli vanna
- ванна / vanna
- мыйная машына / kir yuvish mashinasi
- плітка / kafel
- начны гаршчок / tuvak
- вадаправодны кран / kran
- ракавіна / unitaz
- шклянка / stakan

туалет
hojatxona

падлогавы ўнітаз
polga o'rnatiladigan unitaz

бідэ
tahoratdon

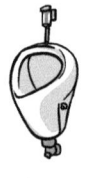

пісуар
siydik unitazi

туалетная папера
hojatxona qog'ozi

шчотка для чысткі ўнітаза
hojatxona cho'tkasi

зубная шчотка

tish cho'tka

зубная паста

tish pastasi

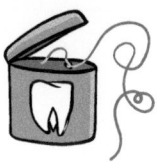

зубная нітка

tish tozalagich ip

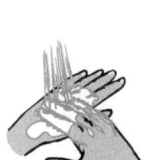

мыць

yuvmoq

ручны душ

dastakli dush

інтымны душ

tahorat uchun dush

умывальнік

tog'ora

шчотка для спіны

yelka qashlaydigan cho'tka

мыла

sovun

гель для душа

dush uchun gel

шампунь

shampun

вяхотка

mochalka

вадасцёк

quvur

крэм

krem

дэзадарант

dezodorant

ванная - vannaxona

люстэрка
ku'zgu

касметычнае люстэрка
qo'l ku'zgusi

станок для галення
ustara

пена для галення
ustara uchun ko'pik

ласьён пасля галення
salqinlantiruvchi balzam

грэбень
taroq

шчотка
cho'tka

фен
fen

лак для валасоў
sooh uchun lak

касметыка
pardoz-andoz

памада
lab uchun pomada

лак для пазногцяў
tirnoq laki

вата
paxta

манікюрныя нажніцы
tirnoq qaychisi

духі
atir

ванная - vannaxona

касметычка
pardoz-andoz xaltasi

табурэтка
kursi

вагі
tarozi

лазневы халат
cho'milish xalati

санітарныя пальчаткі
rezina qo'lqop

тампон
tampon

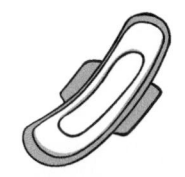
гігіенічныя пракладкі
gigiyenik taglik

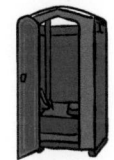
біятуалет
biohojatxona

ванная - vannaxona

41

дзіцячы пакой
bolalar xonasi

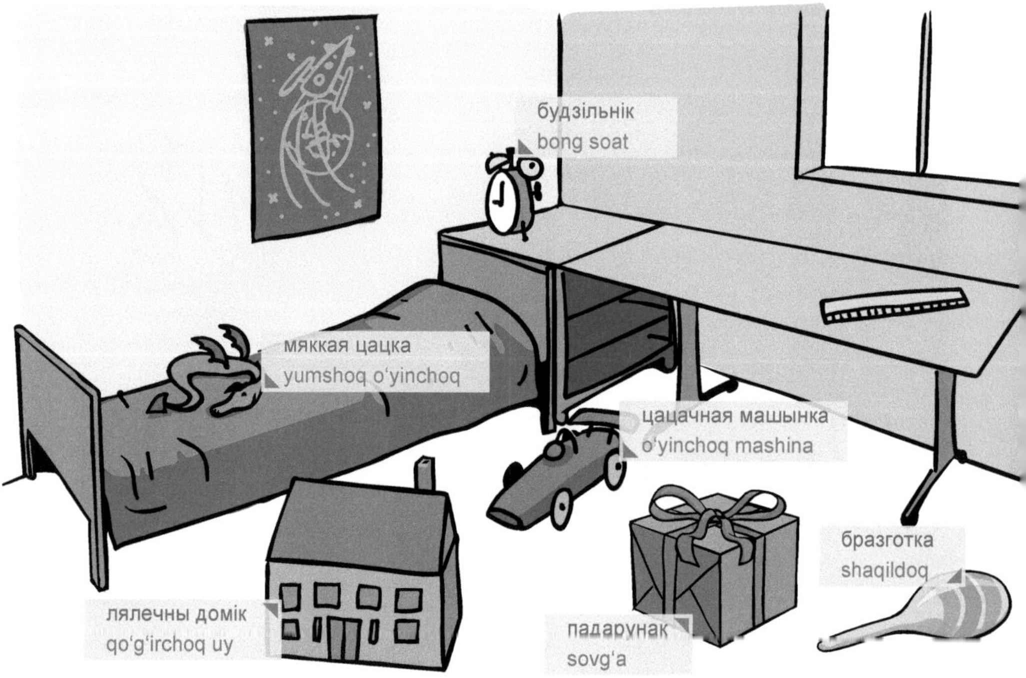
будзільнік
bong soat
мяккая цацка
yumshoq o‘yinchoq
цацачная машынка
o‘yinchoq mashina
бразготка
shaqildoq
лялечны домік
qo‘g‘irchoq uy
падарунак
sovg‘a

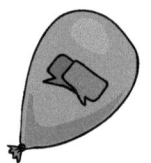

надзіманы шарык

shar

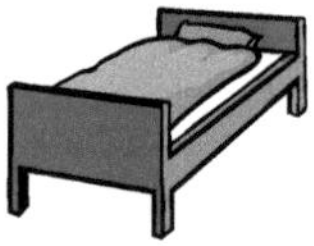

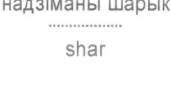

ложак

krovat

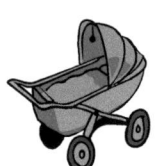

дзіцячая каляска

bolalar aravachasi

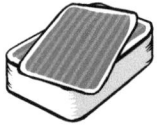

калода картаў

karta to‘plami

пазл

terma tasvir

SUPER
MEGA

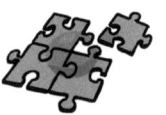

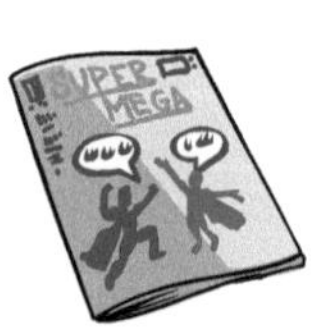

комікс

kulgili sahna asari

канструктар "Лега"
lego g'ishtlari

канструктар
o'yinchoq kubiklar

экшэн-фігурка
o'yinchoq qahramon

дзіцячы гарнітур
polzunka

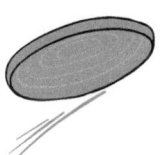
фрызбі
uchar likopcha

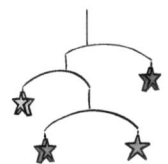
дзіцячы мабіль
osma shaqildoq

настольная гульня
stol o'yini

кубік
oshiq

дзіцячая чыгунка
poyezd maketi

пустышка
so'rg'ich

дзіцячае свята
o'tirish

кніга з малюнкамі
rasmli kitob

мячык
koptok

лялька
qo'g'irchoq

гуляцца
o'ynamoq

дзіцячы пакой - bolalar xonasi

пясочніца
qumdon

арэлі
arg'imchoq

цацкі
o'yinchoqlar

гульнявая відэа прыстаўка
o'yin pristavkasi

трохколавы ровар
uch g'ildirakli velosiped

плюшавы мішка
baxmal ayiq

шафа
kiyim shkafi

адзенне
kiyim

шкарпэткі
paypoq

панчохі
chulki

калготкі
kolgotka

шалік
sharf

парасон
soyabon

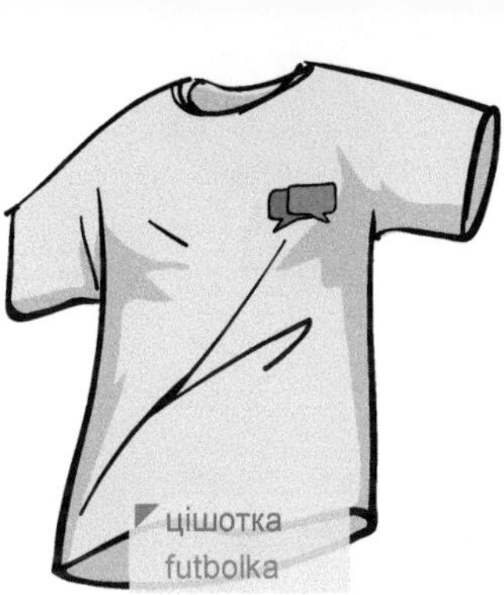

цішотка
futbolka

рамень
kamar

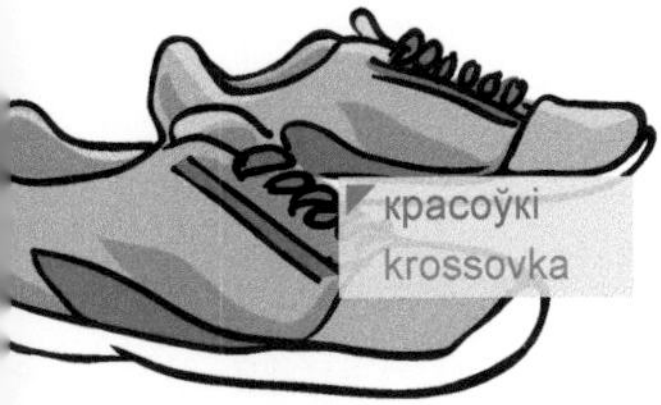

боты
botinka

пантоплі
tapochka

красоўкі
krossovka

сандалі	абутак	гумовыя боты
shippak	tufli	rezina etik

трусы 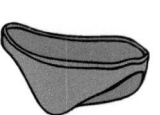	бюстгальтар 	майка 
tor tursik	koʻkrakpech	mayka

адзенне - kiyim

бодзі
bodi

штаны
ishton

джынсы
jinsi

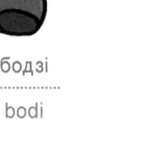

спадніца
yubka

блузка
kofta

кашуля
ko'ylak

джэмпер
jemper

талстоўка
uzun chakmon

блэйзер
sport bichimidagi pidjak

куртка
kurtka

паліто
palto

дажджавік
plash

касцюм
libos

сукенка
ko'ylak

вясельная сукенка
kelin ko'ylak

адзенне - kiyim

касцюм
kostyum shim

начная сарочка
tungi ko'ylak

піжама
pijama

сары
sari

хустка
sholro'mol

цюрбан
salla

паранджа
paranji

каптан
chakmon

Абая
abaya

купальнік
cho'milish kostyumi

плаўкі
tursik

шорты
shortik

спартыўны касцюм
sport kostyumi

фартух
fartuk

пальчаткі
qo'lqop

адзенне - kiyim

гузік
tugma

акуляры
ko'zoynak

бранзалет
bilaguzuk

каралі
munchoq

кальцо
uzuk

завушніца
sirg'a

кепка
kepka

вешалка
palto ilgak

капялюш
shlyapa

гальштук
bo'yinbog'

маланка
zamok

шлем
dubulg'a

падцяжкі
shim tortgich

школьная форма
maktab formasi

уніформа
forma

нагруднік
oshxoʻrak

пустышка
soʻrgʻich

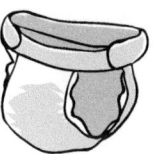

падгузнік
taglik

офіс
idora

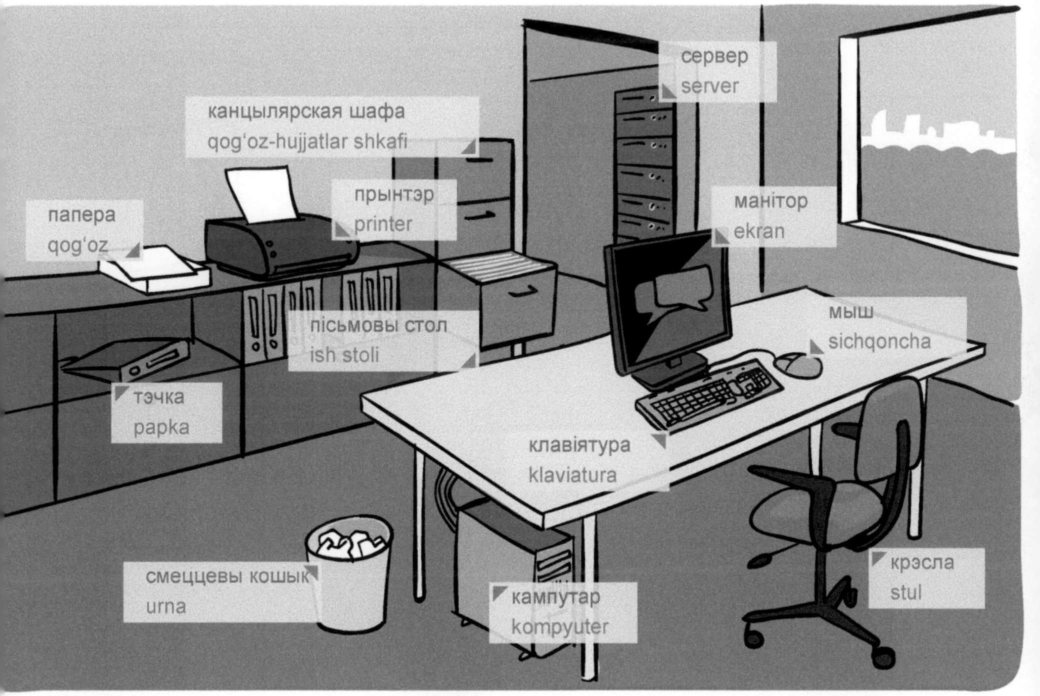

канцылярская шафа
qogʻoz-hujjatlar shkafi

сервер
server

папера
qogʻoz

прынтэр
printer

манітор
ekran

пісьмовы стол
ish stoli

мыш
sichqoncha

тэчка
papka

клавіятура
klaviatura

крэсла
stul

смеццевы кошык
urna

кампутар
kompyuter

кубак для кавы (філіжанка)
kofe krujkasi

калькулятар
kalkulyator

інтэрнэт
internet

офіс - idora

ноўтбук
noutbuk

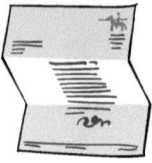
ліст
xat

паведамленне
maktub

мабільны тэлефон
uyali telefon

сетка
tarmoq

ксеракс
nusxa ko'chirgich

праграмнае забеспячэнне
dastur

тэлефон
telefon

разетка
rozetka

факс
faks

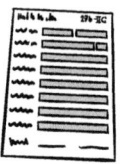
фармуляр
shakllar

дакумент
hujjat

офіс - idora

эканоміка
iqtisod

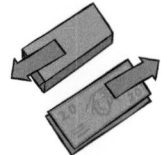

купляць
xarid qilmoq

плаціць
to'lamoq

гандляваць
savdolashmoq

грошы
pul

долар
dollar

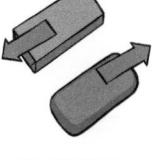

еўра
yevro

ена
yyen

рубель
rubl

франк
shvetsar franki

кітайскі юань
Jenminbi xitoy yuani

рупія
rupi

банкамат
bankomat

абменны пункт
pul ayirboshlash shahobchasi

золата
oltin

срэбра
kumush

нафта
neft

энергія
energiya

цана
narx

кантракт
shartnoma

падатак
soliq

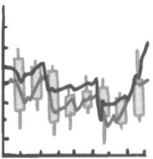

акцыя
aktsıya

працаваць
ishlamoq

служачы
ishchi

працадаўца
ish beruvchi

фабрыка
zavod

крама
do'kon

эканоміка - iqtisod

прафесіі
kasblar

паліцыянт
politsiyachi

пажарны
o't o'chiruvchi

кухар
oshpaz

доктар
shifokor

пілот
uchuvchi

садоўнік
bog'bon

слесар
duradgor

швачка
tikuvchi

суддзя
hakam

хімік
kimyogar

артыст
aktyor

кіроўца аўтобуса
avtobus haydovchi

таксіст
taksi haydovchisi

рыбак
baliq ovlovchi

прыбіральшчыца
farrosh

страхар
tom ustasi

афіцыянт
ofitsiant

паляўнічы
ovchi

мастак
bo'yoqchi

пекар
nonvoyxona

электрык
elektr ustasi

будаўнік
quruvchi

інжынер
muhandis

мяснік
qassob

сантэхнік
suvchi chilangar

паштальён
pochtachi

салдат
askar

архітэктар
me'mor

касір
kassachi

фларыст
gulchi

цырульнік
sartarosh

кандуктар
chiptachi

механік
mexanik

капітан
kapitan

стаматолаг
tish shifokori

вучоны
olim

рабін
yaxudiylar ruhoniysi

імам
imom

манах
rohib

святар
ruhiniy

інструменты
asboblar

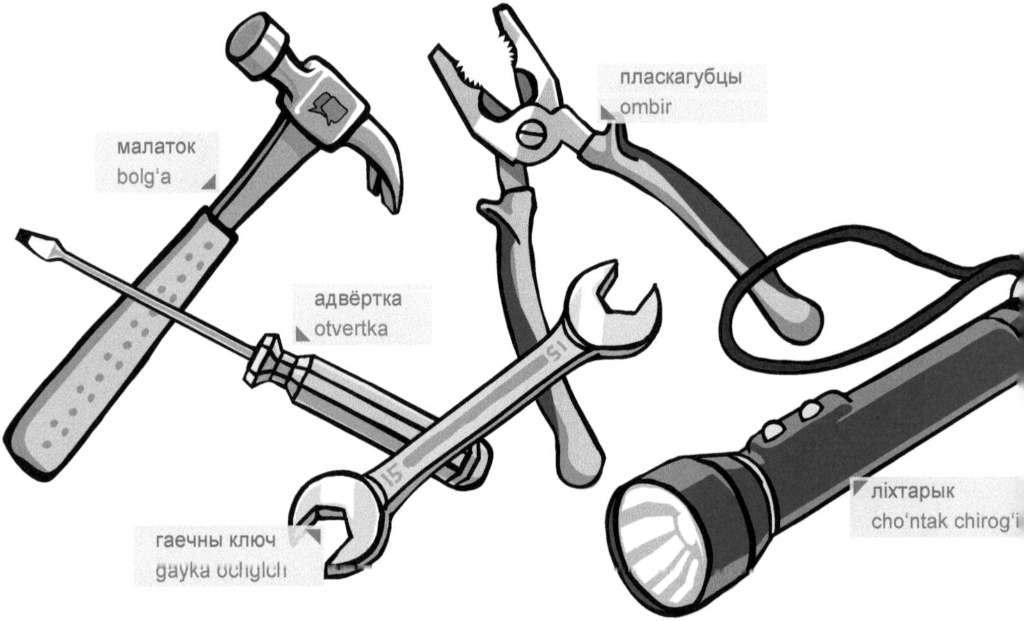

малаток / bolg'a
пласкагубцы / ombir
адвёртка / otvertka
ліхтарык / cho'ntak chirog'i
гаечны ключ / gayka ochqich

экскаватар
ekskavator

скрыня для інструментаў
asboblar qutisi

дравіны
narvon

піла
qo'larra

цвікі
mix

дрыль
parmadasta

рамантаваць
tuzatmoq

рыдлеўка
belkurak

Халера!
Jin ursin!

шуфлік для смецця
xokandoz

вядро з фарбаю
bo'yoq idish

балты
burama mix

музычныя інструменты
musiqa asboblari

ударны інструмент
urib chalinadigan musiqa asboblari

калонкі
radiokarnay

гітара
gitara

кантрабас
kontrabas

труба
surnay

піяніна pianino	скрыпка g'ijjak	басгітара bas-gitara

літаўры qo'shnog'ora	барабан do'mbira	клавішны электрамузычны інструмент klaviatura

саксафон saksofon	флейта nay	мікрафон mikrofon

музычныя інструменты - musiqa asboblari

заапарк
hayvonot bogʻi

- уваход / kirish
- тыгр / arslon
- клетка / qafas
- зебра / zebra
- корм для жывёл / yem
- панда / panda

жывёлы
hayvonlar

слон
fil

кенгуру
kenguru

насарог
karkidon

гарыла
gorilla

мядзведзь
ayiq

вярблюд
tuya

стравус
tuyaqush

леў
sher

малпа
maymun

фламінга
qizil g'oz

папугай
to'ti

белы мядзведзь
oq ayiq

пінгвін
pingvin

акула
akula

паўлін
tovus

змяя
ilon

кракадзіл
timsoh

наглядчык заапарка
hayvonot bog'i qorovuli

цюлень
tyulen

ягуар
yaguar

заапарк - hayvonot bog'i

поні
to'pichoq ot

леапард
qoplon

бегемот
begemot

жыраф
jirafa

арол
burgut

дзік
erkak cho'chqa

рыбак
baliq

чарапаха
toshbaqa

морж
morj

ліса
tulki

газель
ohu

заапарк - hayvonot bog'i

спорт
sport o'yinlari

дзейнасць
mashg'ulot

скакаць / sakramoq
абдымаць / quchmoq
смяяцца / kulmoq
ісці / yurmoq
спяваць / kuylamoq
маліцца / ibodat qilmoq
цалаваць / o'pmoq
марыць / hayol qilmoq

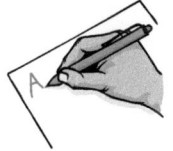

пісаць
yozmoq

маляваць
chizmoq

паказваць
ko'rsatmoq

націснуць
itarmoq

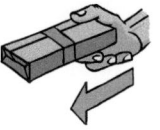

даваць
bermoq

браць
olmoq

маць
ega bo'lmoq

выконваць
bajarmoq

быць
bo'lmoq

стаяць
turmoq

бегчы
yugurmoq

цягнуць
tortmoq

кідаць
uloqtirmoq

падаць
yiqilmoq

ляжаць
aldamoq

чакаць
kutmoq

насіць
tashimoq

сядзець
o'tirmoq

апранацца
kiyinmoq

спаць
uxlamoq

прачынацца
uyg'onmoq

дзейнасць - mashg'ulot

глядзець
qaramoq

плакаць
yig'lamoq

лашчыць
zarba bermoq

прычэсвацца
taramoq

гаварыць
gaplashmoq

разумець
tushunmoq

пытаць
so'ramoq

чуць
tinglamoq

піць
ichmoq

есці
yemoq

прыбіраць
yig'ishtirmoq

кахаць
sevmoq

гатаваць
pishirmoq

ехаць
haydamoq

лятаць
uchmoq

дзейнасць - mashg'ulot

плаваць пад ветразем
kemada suzmoq

лічыць
sanamoq

чытаць
oʻqimoq

вучыць
oʻrganmoq

працаваць
ishlamoq

уступаць у шлюб
turmush qurmoq

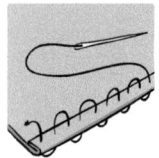
шыць
tikmoq

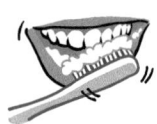
чысціць зубы
tish yuvmoq

забіваць
oʻldirmoq

курыць
chekmoq

пасылаць
yoʻllamoq

сям'я
oila

бабуля / buvi
дзядуля / buva
бацька / ota
маці / ona
дзіця / chaqaloq
дачка / qiz
сын / o'g'il

госць
mehmon

цётка
amma

дзядзька
tog'a

брат
aka

сястра
opa

цела
tana

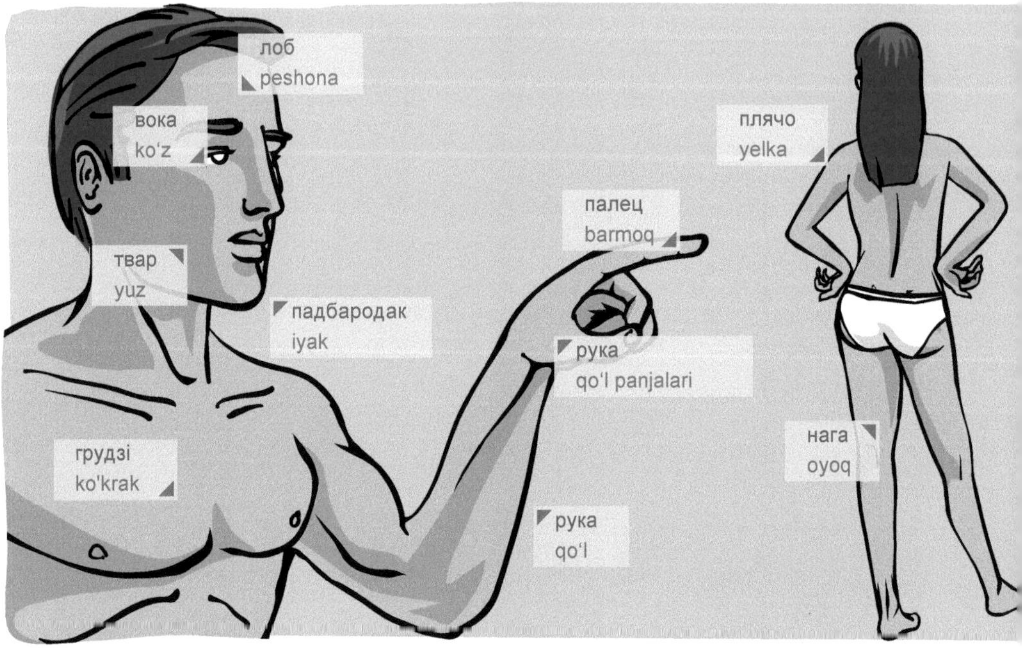

- лоб / peshona
- вока / ko'z
- твар / yuz
- падбародак / iyak
- грудзі / ko'krak
- палец / barmoq
- рука / qo'l panjalari
- рука / qo'l
- плячо / yelka
- нага / oyoq

дзіця
chaqaloq

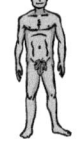

мужчына
odam

жанчына
ayol

дзяўчынка
qiz bola

хлопчык
o'g'il bola

галава
bosh

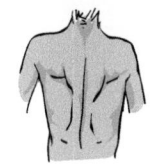

спіна
orqa

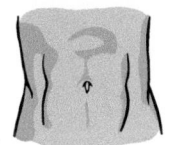

жывот
qorin

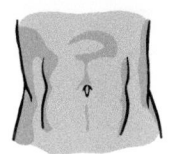

пуп
kindik

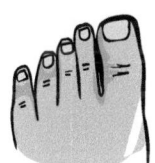

палец нагі
oyoq barmoqlari

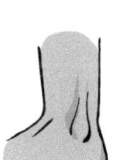

пятка
tovon

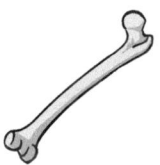

костка
suyak

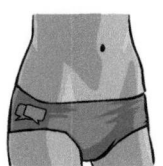

бядро
bel

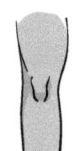

калена
tizza

локаць
tirsak

нос
burun

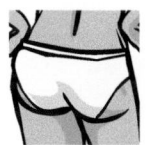

ягадзіца
dumba

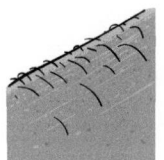

скура
teri

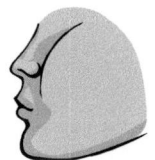

шчака
yanoq

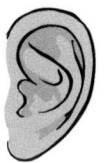

вуха
quloq

губа
lab

цела - tana

рот
og'iz

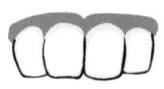

зуб
tish

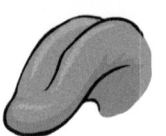

язык
til

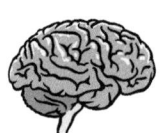

галаўны мозг
miya

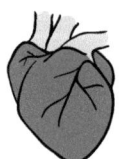

сэрца
yurak

мышца
mushak

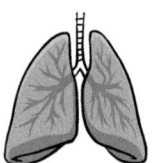

лёгкае
o'pka

пячонка
jigar

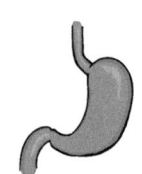

страўнік
oshqozon

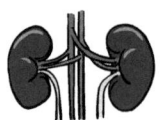

ныркі
buyrak

сэкс
jinsiy aloqa

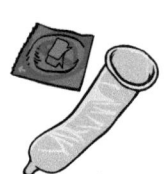

прэзерватыў
prezervativ

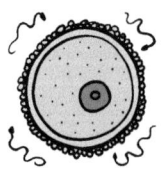

яйцаклетка
tuxum ho'jayra

сперма
urug'

цяжарнасць
homiladorlik

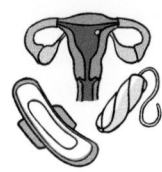

менструацыя
hayz

похва
bachadon

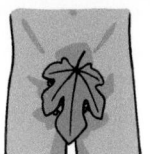

пеніс
olat

брыво
qosh

валасы
soch

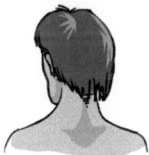

шыя
boʻyin

шпіталь
shifoxona

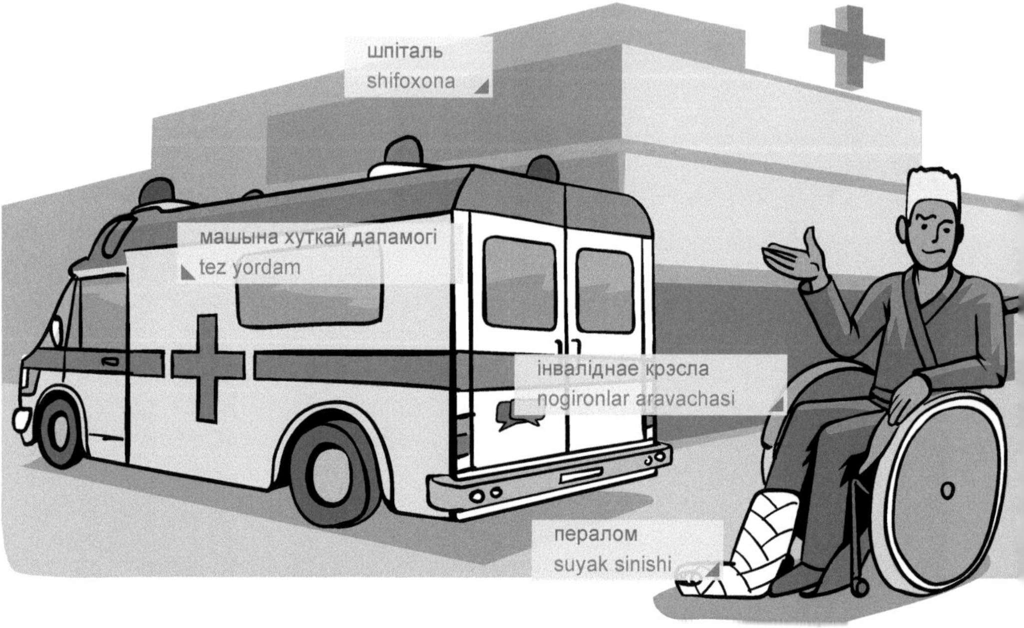

шпіталь
shifoxona

машына хуткай дапамогі
tez yordam

інвалідная крэсла
nogironlar aravachasi

пералом
suyak sinishi

доктар
shifokor

аддзяленне першай дапамогі
Shoshilich tibbiy yordam ko'rsatish bo'limi

медсястра
hamshira

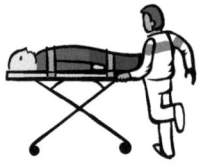

экстраная дапамога
tez yordam

непрытомны
hushsizlik

боль
og'riq

траўма
jarohat

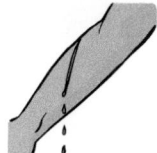
крывацёк
qonash

інфаркт
yurak xuruji

апаплексія
insulьt

алергія
allergiya

кашаль
yo'tal

гарачка
isitma

грып
tumov

панос
ichburug'

галаўны боль
bosh og'rig'i

рак
saraton kasalligi

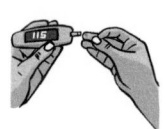
дыябет
qandli diabet

хірург
jarroh

скальпель
jarroh pichog'i

аперацыя
jarrohlik amaliyoti

шпіталь - shifoxona

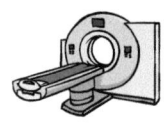

КТ
tomografiya

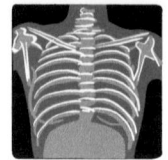

рэнтген
rentgen

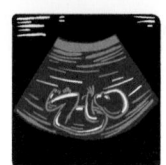

ультрагук
ultratovush tekshiruvi

маска
yuz niqobi

хвароба
kasallik

пачакальня
qabulxona

мыліца
qo'ltiqtayoq

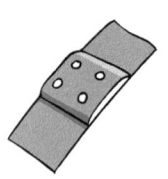

пластыр
malhamli plastir

бінт
bint

ін'екцыя
ukol

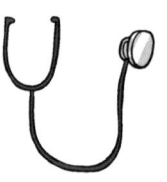

стэтаскоп
yurak urushini va o'pkani
eshitib ko'radigan asbob

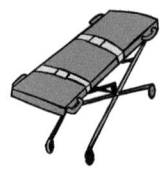

насілкі
bemorlar uchun zambil

градуснік
termometr

нараджэнне
tug'ruq

лішняя вага
semizlik

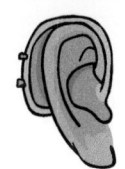
слухавы апарат
eshitish moslamasi

дэзінфекцыйны сродак
dezinfektsiyalovchi vosita

інфекцыя
infektsiya

вірус
virus

ВІЧ/СНІД
OIV / OITS

лекі
dori

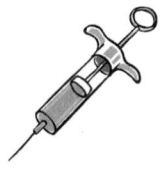
прышчэпка
emlash

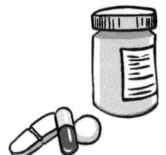
таблеткі
tabletka

супрацьзачаткавая таблетка
dori

экстраны выклік
tez yordam qo'ng'irog'i

танометр
qon bosimini o'lchash asbobi

хворы / здаровы
kasal / sog'lom

шпіталь - shifoxona

экстраная дапамога
tez yordam

Ратуйце!
Yordamga!

сігналізацыя
xavf-xatar ishorasi

напад
tajovuz

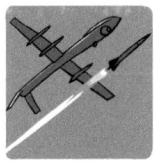
атака
hujum

небяспека
xavf

аварыйны выхад
favqulodda holatlarda chiqish eshigi

Пажар!
Yong'in

вогнетушыцель
o't o'chirgich

аварыя
falokat

аптэчка
birinchi tibbiy yordam to'plami

СОС
falokat signali

паліцыя
politsiya

Зямля
yer

Еўропа
Yevropa

Паўночная Амерыка
Shimoliy Amerika

Паўднёвая Амерыка
Janubiy Amerika

Афрыка
Afrika

Азія
Osiyo

Аўстралія
Avstraliya

Атлантычны акіян
Anlantika okeani

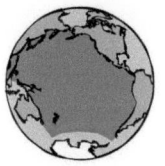

Ціхі акіян
Tinch okeani

Індыйскі акіян
Hind okeani

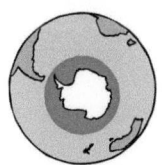

Паўднёвы ледавіты акіян
Antarktida okeani

Паўночны ледавіты акіян
Arktika okeani

Паўночны полюс
Shimoliy qutb

Паўднёвы полюс
Janubiy qutb

Антарктыда
Antarktika

Зямля
yer

краіна
o'lka

мора
dengiz

востраў
orol

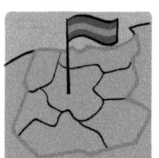
нацыя
millat

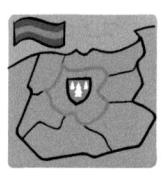
дзяржава
davlat

гадзіннік
soat

цыферблат
astronomik vaqt ko'rsatgichi

гадзінная стрэлка
soat mili

хвілінная стрэлка
daqiqa mili

секундная стрэлка
lahza mili

Колькі часу?
Soat necha?

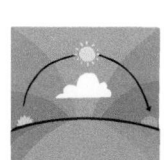
дзень
kun

час
vaqt

зараз
hozir

электронны гадзіннік
raqamli soat

хвіліна
daqiqa

гадзіна
soat

тыдзень
xafta

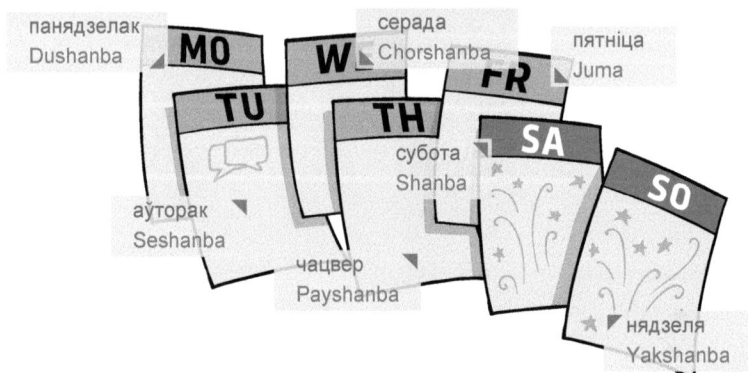

панядзелак
Dushanba

серада
Chorshanba

пятніца
Juma

аўторак
Seshanba

субота
Shanba

чацвер
Payshanba

нядзеля
Yakshanba

ўчора
kecha

сёння
bugun

заўтра
ertaga

раніца
ertalab

абед
peshin

вечар
kechqurun

працоўныя дні
ish kunlari

выхадныя
dam olish kunlari

год

yil

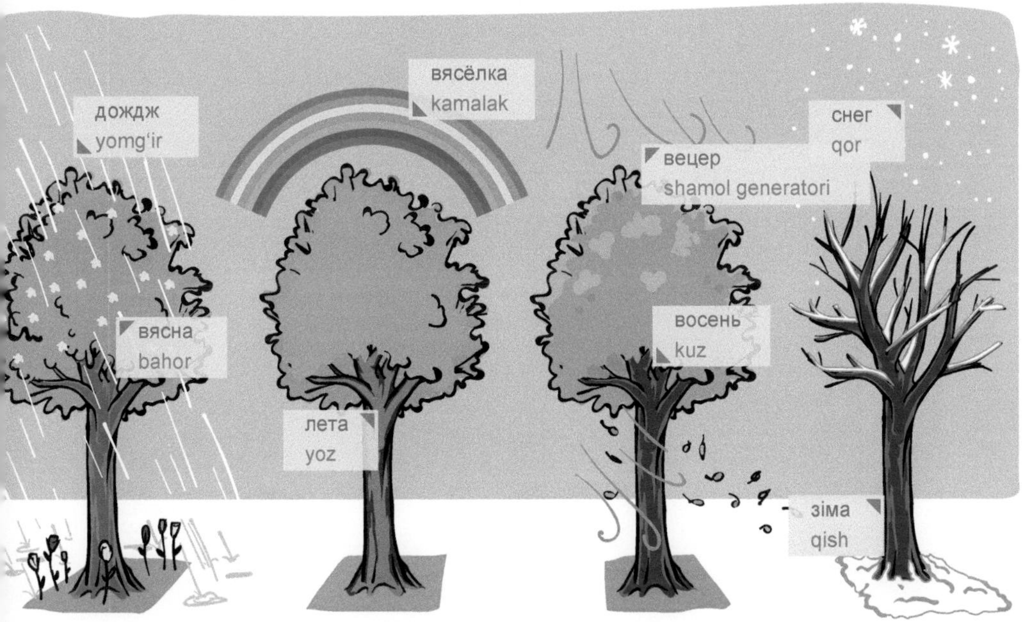

дождж
yomg‘ir
вясёлка
kamalak
снег
qor
вецер
shamol generatori
вясна
bahor
восень
kuz
лета
yoz
зіма
qish

4.APRIL 11°
5.APRIL 4°
6.APRIL 13°
7.APRIL 8°
8.APRIL 10°

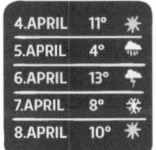

прагноз надвор'я

ob-havo ma’lumoti

F
C
120
90
60
30
0
-30
40
30
20
10
0
-10
-20

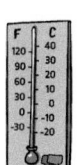

градуснік

termometr

сонечнае святло

quyoshli

воблака

bulut

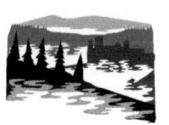

туман

tuman

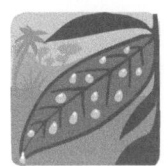

вільготнасць паветра

namgarchilik

маланка
chaqmoq

гром
momoqaldiroq

бура
bo'ron

град
do'l

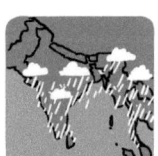

мусонны вецер
namgarchilik mavsumi

прыліў
toshqin

лёд
muz

студзень
Yanvar

люты
Fevral

сакавік
Mart

красавік
Aprel

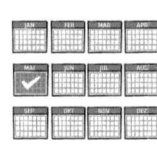

май
May

чэрвень
Iyun

ліпень
Iyul

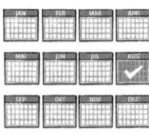

жнівень
Avgust

верасень
Sentyabr

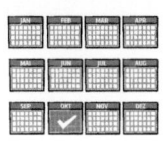
кастрычнік
Oktyabr

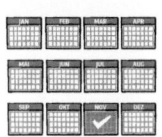
лістапад
Noyabr

снежань
Dekabr

формы
shakllar

круг
aylana

квадрат
kvadrat

прамавугольнік
to'rtburchak

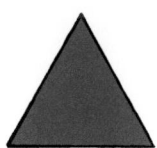
трохвугольнік
uchburchak

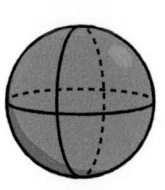
шар
doira

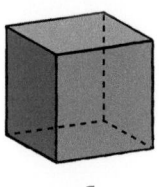
куб
kub

колеры
ranglar

белы

oq

жоўты

sariq

аранжавы

sabzi rang

ружовы

pushti

чырвоны

qizil

фіялетавы

to'q qizil

сіні

ko'k

зялёны

yashil

карычневы

jigar rang

шэры

kul rang

чорны

qora

супрацьлегласці
qarama-qarshi ma'noli so'zlar

шмат / мала
ko'p / oz

злы / добры
g'azabli / xotirjam

прыгожы / брыдкі
go'zal / xunuk

пачатак / канец
boshi / oxiri

высокі / малы
katta / kichik

светлы / цёмны
yorug' / qorong'u

сястра / брат
aka / singil

чысты / брудны
toza / iflos

поўны / няпоўны
to'liq / chala

дзень / ноч
kun / tun

мёртвы / жывы
o'lik / tirik

шырокі / вузкі
keng / tor

ядомы / неядомы
yesa bo'ladigan / yesa bo'lmaydigan

злы / добры
yovuz / xayrli

узбуджаны / нудны
hayajonli / zerikarli

тоўсты / тонкі
semik / oriq

першы / апошні
birinchi / oxirgi

сябар / вораг
do'st / dushman

поўны / пусты
to'la / bo'sh

цвёрды / мяккі
qattiq / yumshoq

важкі / лёгкі
og'ir / yengil

голад / смага
ochlik / chanqov

хворы / здаровы
kasal / sog'lom

нелегальны / легальны
noqonuniy / qonuniy

разумны / дурны
ziyoli / kaltafahm

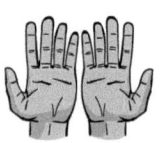
левы / правы
chap / o'ng

побач / далёка
yaqin / uzoq

супрацьлегласці - qarama-qarshi ma'noli so'zlar

новы / былы ва ўжыванні
yangi / ishlatilgan

нічога / нешта
hech narsa / bir narsa

стары / малады
qari / yosh

укл / выкл
yoniq / oʻchiq

адчынены / зачынены
ochiq / yopiq

ціхі / гучны
past / baland

багаты / бедны
boy / kambagʻal

правільна / няправільна
toʻgʻri / notoʻgʻri

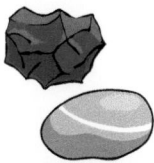
шурпаты / гладкі
notekis / tekis

сумны / шчаслівы
xafa / xursand

кароткі / доўгі
qisqa / uzun

павольны / хуткі
sekin / tez

вільготны / сухі
nam / quruq

цёплы / халаднаваты
iliq / salqin

вайна / мір
urush / tinchlik

супрацьлегласці - qarama-qarshi maʼnoli soʻzlar

лічбы
raqamlar

0
нуль
nol

1
адзін
bir

2
два
ikki

3
тры
uch

4
чатыры
to'rt

5
пяць
besh

6
шэсць
olti

7
сем
yetti

8
восем
sakkiz

9
дзевяць
to'qqiz

10
дзесяць
o'n

11
адзінаццаць
o'n bir

12
дванаццаць
o'n ikki

13
трынаццаць
o'n uch

14
чатырнаццаць
o'n to'rt

15
пятнаццаць
o'n besh

16
шаснаццаць
o'n olti

17
сямнаццаць
o'n yetti

18
васямнаццаць
o'n sakkiz

19
дзевятнаццаць
o'n to'qqiz

20
дваццаць
yigirma

100
сто
yuz

1.000
тысяча
ming

1.000.000
мільён
million

лічбы - raqamlar

МОВЫ
tillar

англійская

Ingliz

англійская (Амерыка)

Amerikacha ingliz tili

кітайская мандарынская

Xitoy tilining Mandarin lahchasi

хіндзі

Hind

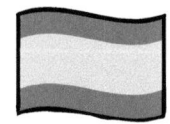

іспанская

Ispan

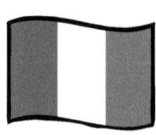

французская

Frantsuz

арабская

Arab

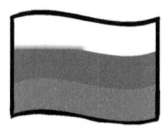

руская

Rus

партугальская

Portugal

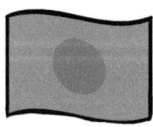

бенгальская

Bengal

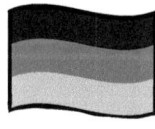

нямецкая

Nemis

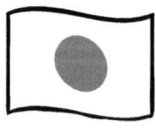

японская

Yapon

хто / што / як
kim / nima / qanday

я
Men

ты
Sen

ён / яна / яно
u / u / u

мы
biz

вы
sizlar

яны
ular

хто?
kim?

што?
nima?

як?
qanday?

дзе?
qayerda?

калі?
qachon?

імя
ism

дзе
qayerda

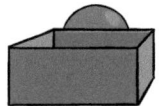
за
orqada

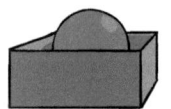
у
ichida

перад
oldida

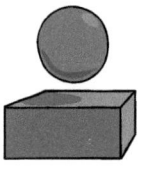
над
uzra

на
ustida

пад
tagida

каля
yonida

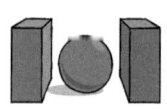
паміж
o'rtasida

месца
joy